Luis de Benavente y Quiñones

Los muertos vivos

Barcelona 2024
Linkgua-ediciones.com

Créditos

Título original: Los muertos vivos.

© 2024, Red ediciones S.L.

e-mail: info@Linkgua-ediciones.com

Diseño de cubierta: Michel Mallard.

ISBN rústica: 978-84-9816-349-0.
ISBN ebook: 978-84-9897-989-3.

Sumario

Brevísima presentación

La vida
Luis de Benavente y Quiñones, o Luis de Benavente (Toledo, 1581-Madrid, 1651) España.

Nació y vivió en Toledo hasta 1617. Se hizo clérigo muy joven, en 1598, y se ordenó en 1612 para gozar beneficios eclesiásticos que algunos familiares habían instituido en su nombre. Fue amigo de Lope de Vega, y se desplazó a la Corte en 1617, donde participó en academias, como la del Buen Retiro en 1637 y 1638, las del contador real Agustín de Galarza, y en la de la parroquia madrileña de Santa María Magdalena, para cuya cofradía del Santísimo Sacramento compuso versos jocosos.

Luis de Benavente fue capellán de Diego Contreras en 1640, fecha en la que se retiró del teatro.

Durante el reinado de Felipe III compuso bailes y seguidillas, por lo cual fue caricaturizado por Francisco de Quevedo en su Infierno enmendado (1628), donde es llamado el «Poeta de los pícaros».

Benavente fue halagado por Lope de Vega en su Laurel de Apolo, por Juan Pérez de Montalbán en su Para todos y por Tirso de Molina en sus Cigarrales de Toledo.

Tuvo un gran genio satírico y dotes de fino observador que hacen de él un predecesor del costumbrismo decimonónico. Asimismo fue el primero en escribir entremeses en verso con partes cantadas, costumbre que luego se generalizó. En 1645 fue publicada la primera antología de sus obras, bajo el título de Jocoseria, aprobada por Vélez de

Guevara y que recoge cuarenta y ocho piezas. Se cree que escribió alrededor de novecientas piezas dramáticas breves, incluyendo loas y jácaras, la mayoría se han perdido o no tienen asignadas autor.

Los muertos vivos sirvieron de argumento a Francisco Bernardo de Quirós para su entremés del mismo título.

Los muertos vivos

Personajes

Juan Rana
Cosme un galán
Sánchez un vejete
Isabel su hermana
Una criada
Antonia una cortesana
San Miguel
Músicos

Acto único

(Sale Juan Pérez con la espada desnuda tras Cosme.)

Cosme   ¡Favor, socorro, ayuda!

Juan   Esperad, perro.

Cosme   ¡Confesión, testamento, unción, entierro!
                      ¡Ay, que el arca del pan quiere horacarme!

Juan   Vengo hecho una onza.

Cosme   Yo un adarme.

Juan   ¡Pobre de ti Juan Rana!,
                      ¿Por mujer me negáis a vuestra hermana?
                      ¿Sois vos mi igual, camello?

Cosme   Si nos medimos, fácil es sabello.

Juan   Decid, ¿no os viene ancho este cuñado?

Cosme   No sé, por Dios; que aún no me le he pro-
                      bado.

Juan   ¿Merecéis descalzarme, molde de mente-
                      catos

Cosme	Conforme hueren calzas y zapatos.

(Híncase Cosme de rodillas, y Juan alza la espada.)

Juan	¡Vive Cristo, que os mate!
Cosme	Abraham, ¡tate, tate!
Juan	Yo os quiero hablar sin cólera.
Cosme	Y yo quiero... Recule un poco atrás, como cochero.
Juan	Juan Rana, el más bonito que yo he visto.

(Va tras él y suelta la espada, y él huye.)

Cosme	Esto es mucho peor, ¡por Jesu Cristo!
Juan	Vida del alma que tu amor celebra.
Cosme	Acabóse. ¡Por Dios, que me requiebra!
Juan	¡Mi ángel!
Cosme	¡Mi demonio!
Juan	¡Mi fiel verdad!
Cosme	¡Mi falso testimonio!
Juan	Mi amor es bueno.

Cosme	Pues parece malo.
Juan	Hazme favor de darme...
Cosme	Con un palo.
Juan	Has de darme la mano...
Cosme	Si la quieres de azotes, tome, hermano.
Juan	De amistades perfetas...
Cosme	¡Válgate Barrabás!, y lo que aprietas...
Juan	Dándome por mujer tu hermana hermosa.
Cosme	¿Eso es?
Juan	Claro está.
Cosme	¿No es otra cosa?
Juan	¿Qué habíades pensado?
Cosme	Lo que vos, si os hubieran requebrado.
Juan	Yo pido a vuesa hermana en casamiento.
Cosme	¿Queréis que os la dé luego?
Juan	Ese es mi intento.

Cosme	¿Bien puesta y bien vestida?
Juan	Eso deseo.
Cosme	¿Con buen dote?
Juan	Parece que lo veo.
Cosme	¿Qué os la saque el padrino y la madrina, que reviente de cena la cocina, que haya baile, haya jira, haya locura, y que os tome las manos luego el cura, oliéndome las suyas a baptismo? ¿Esto es lo mismo que queréis?
Juan	Lo mismo, y que me habléis muy claro y sin reparo.
Cosme	Pues no os la quiero dar. Veislo ahí bien craro.
Juan	¡Valga el diablo el cencerro! ¡Vive Cristo!; ¿y mi espada?

(Va a tomar su espada y halla que la ha tomado Juan Rana y da tras él.)

Cosme	¡Esperad, perro!
Juan	¡Donosa jerigonza! Reportaos, digo.

Cosme	Vengo hecho una onza.
Juan	Quedo, amigo Juan Rana.
Cosme	¿Por mujer me negáis a vuesa hermana?
Juan	Teneos, no me matéis sin merecello.
Cosme	¿Sois vos mi igual, camello?
Juan	Por los filos me da que yo le he dado.
Cosme	Decid, ¿no os viene ancho este cuñado?
Juan	Traza lleva de darme.
Cosme	¿Merecéis descalzarme?
Juan	¡Oh, pese al hombrecillo de agua y lana!

(Acométele a Cosme, suelta la espada y huye.)

Cosme	¡Ay, que me lleva el diabro! ¡Hermana, hermana!

[Salen Isabel, su hermana, y una criada].

Criada	¡Que matan a mi señor! ¡Salga vuested, presto, presto!
Isabel	¡Ay, hermano de mi vida!

¿Quién te ha muerto, quién te ha muerto?

(Abraza a Juan Pérez, y dícele aparte.)

Vete, y vuelve luego a hacer
lo que concertado habemos.

Cosme   ¡Hola! Yo só vueso hermano.

Isabel   Cegóme el dolor que tengo.
¿Quién te ha muerto, hermano mío?
¿Quién me dejó sin consuelo?

Cosme   ¡Juro a Cristo que estó vivo!

Isabel   No lo creo, no lo creo.

Cosme   Ni Dios te lo deje creer

Isabel   Ana, trae un candelero
con una luz, y algún paño
con que amortajar el cuerpo.

Cosme   ¿Estás borracha, demonio?

Criada   ¡Ay, señora!; voy por ello.

(Vase.)

Cosme   Vivo estó.

Isabel   ¿Quién te mató

	y me dejó sin remedio?
	¿Qué haré yo huérfana y pobre?
Cosme	¡Válgame Dios, si me he muerto sin sentir!
Criada	Aquí está todo.

(Saca una sábana y candelero con luz.)

Isabel	No tengo para el entierro;
	mas, pues anochece ya,
	a la puerta pediremos
	limosna para enterralle.
	Cúbrele con ese lienzo.

(Échanle en el suelo y pónenle una sábana encima.)

Cosme	¡Que es cierto, hermana!
Isabel	Pluguiera a Dios no fuera tan cierto!
Cosme	Ana, ¿estó muerto?
Criada	¿Pues no? ¡Tan muerto como mi abuelo!
Cosme (Tiéndese.)	También hay abuelos vivos; mas sin duda es verdad esto, pues todos lo dicen. ¡Alto! Murámonos, y protesto

que muero de mala gana,
y por ensalmo me muero,
pues siendo yo venial,
mi hermana mortal me ha hecho.

(Sale Sánchez con un jarro de vino y un panecillo en las manos, vestido de viudo vejete.)

Sanchez   Si es segunda vida el pan
y el vino para los viejos,
a mi libreta me arrimo
y a mi cuartillo me atengo.

Isabel   Para el ánima deste hombre,
que sin confesión le han muerto.

Sanchez   ¿Quién le mató?

Isabel   Un hombre.

Cosme   Una hambre.

Sanchez   No llevo que dar dinero;
mas tomad para su ofrenda
pan y vino.

(Váselo a dar, y Cosme se levanta el medio cuerpo y se lo quita.)

Cosme   ¡Oh, santo viejo,
que los muertos resucitas!

Sanchez	¡Conjúrote! ¡Vade retro!

(Vase huyendo.)

Cosme	¿Qué barbecho? Anda, borracho. Por Dios, que es bueno ser muerto; que en efeto se halla pan.
Isabel	Cúbrele, que gente siento.

(Sale San Miguel.)

San Miguel (Canta.)	«Yo sé de un confitero tan afamado que vendiendo mil dulces, hace milagros.»
Criada	Para el ánima deste hombre que sin confesión le han muerto.

(Levántase [Cosme] el medio cuerpo y tropieza y cae, y vase huyendo San Miguel.)

San Miguel	Estuviérase él en casa.
Cosme	¿Y si no pudo ser menos?

(Retírase y tropieza en el muerto y vase huyendo.)

San Miguel	¡Ay, que habla!
Cosme	¡Ay, que me pisa!

San Miguel	¡Ay, que me ha quebrado el cuerpo!
Cosme	Estuviérase él en casa, y tomara su consejo.

(Salen cantando Antonia y los músicos.)

Los tres	«¡Ay, qué desdicha, señores!»
Isabel	¿Quién canta?
Cosme	Este es el entierro, y el «no me le recordéis». Hermanos, lo que habéis muerto para con vuesas hermanas, dejándolas sin remedio, duélaos ver que sin hallar el camino carretero me muero por el atajo.
Antonia	Aquí ha de ser, compañeros, donde habemos de cantar. Arañen los instrumentos, gorgoriteen las voces y chillen los pasaderos.
Isabel	Den, por Dios, para enterrar este difunto.
Antonia	¡A buen tiempo! Si vusted quiere cantada una letra a lo moderno

entre jácara y romance,
tome, que aquí la traemos.

(Canta por la jácara.)   «Reviente el mismo
                                                demonio,
muera el mismo Lucifer,
calle el mismo Barrabás,
y el mismo diablo también;
porque la misma endiablada
la misma jácara es,
sin que deje de mismar
desde su misma niñez;
y toquen y tañan esas guitarras
que ya se me bullen y brincan los pies.»

(Levántase Cosme el medio cuerpo y baila, y ellos huyen.)

Cosme   Sacristán, arrimad esas cruces,
                que este son no es de perder.

Antonia   ¡Jesús, que los muertos bailan!

Cosme   Pues ¡valga el diabro tus huesos!
                Con aquese sonecillo
                ¿no has de hacer bailar los muertos?
                Cansado estó de morirme:
                comamos para este miedo
                un bocadillo, que al fin
                los muertos con pan son menos.
                Venga mi ofrenda.

(Dale el panecillo y el jarro.)

Isabel	Hela aquí:
	sal, Perico, que ahora es tiempo.

(Sale Juan Pérez con una sábana y tiéndese junto a Cosme sin que le vea.)

Juan (Aparte.)	(¡Ay, Isabel, que de veras
	me traes por hablarte muerto!)
Cosme	Brindis, señores defuntos.
Juan	Aquí la razón haremos.

(Toma el jarro, bebe y vuélvese a echar.)

Cosme	¡San Dimas, San Babilés,
	poquito a poquito me echo,
	que hay otro muerto en campaña!

(Échase.)

	¡Hermana, hermana!
Isabel	¿Qué es eso?
Cosme	Otro muerto.
Isabel	¿Qué os espanta?
	A este enterraron primero,
	y está en vuestra sepoltura.
	Volveos acá.

Cosme	Ya me vuelvo.
Isabel	Ana, entretenle.

(Pásase junto a Juan Pérez.)

Criada	Sí haré. ¿Qué tienes?
Cosme	No más de miedo.
Isabel	¿Es posible que te hablo?
Juan	¿Es posible que te veo?
Cosme	Hermana, ¿qué hacéis?

(Vuelve y velos hablar.)

Isabel	Procuro apartaros este cuerpo.

(Levántase Cosme y pónese en medio de los dos.)

Cosme	Yo os le apartaré mejor, que se pega mucho al vuestro.
Juan	¡Ay, Isabel, no te vayas!

(Tira della.)

Cosme	Señor muerto, estése quedo.

                            Tengamos la muerte en paz
                            o le pegaré dos muertos.

Juan   Yo en mi sepoltura estoy:
                            hablemos de bueno a bueno.

(Échanse los dos y hablan.)

Cosme   Habremos muy en buen hora.
                            ¿De qué murió, caballero?

Juan   De tercianas.

Cosme   Yo de hambre.
                            Y ¿adónde está?

Juan   En el infierno.

Cosme   Y ¿quién está allá?

Juan   Juan Rana.

Cosme   El miente como mal muerto;

(Riñen.)

                            que Juan Rana ha sido un santo,
                            pues sufrió a los mosqueteros.

(Vuélvense a echar y siéntase Isabel en medio.)

Isabel   Señores defuntos, paz,

pues me pongo de por medio.
Vuélvanse a sus sepolturas.

Juan   Vuelto estoy.

Cosme   Y yo estó vuelto.

Juan   ¡Esposa de mis entrañas!

Isabel   ¿Qué quieres, hermoso dueño?

Juan   ¿Quién dilata nuestras bodas?

(Levántase Cosme; pónese en medio de dos. Sale Sánchez,
de demonio.)

Cosme   Yo, que pongo impedimento.

Sanchez   ¡Estafarme el pan y el vino
                con muertecitas y enredos!
                ¡Vive Dios, que ha de gormallo
                con el disfraz que me he puesto!
                A un mal muerto, un mal demonio.

Isabel   Hermano, ¿no ves aquello?

Cosme   Más me valiera cegar.

Criada   Un demonio es por lo menos.

Cosme   Pues ¿qué será por lo demás?

Juan	Mis pecados son aquestos.
Sanchez	Dos muertos hay, y era uno; mas ¿si fuesen verdaderos?
Cosme	¡San Liberanos a malo!

(Vanse levantando, hincándose de rodillas, y Sánchez también, teniendo miedo.)

Juan	Señor mío, yo prometo, si escapo desta, ser fraile.
Cosme	Yo prometo ser ventero.

(Levántanse los muertos.)

Sanchez	¡Vive Dios, que se levantan!

(Acércase Sánchez.)

Cosme	¡Que se acerca sin remedio!
Juan	Llegaos acá.

(Ásele Juan a Cosme.)

Cosme	¡Ay, que me agarran!
Sanchez	Castigo es éste del cielo.

Cosme	¡Huyamos!

(Dan carreras por el tablado, huyendo.)

Sanchez	Yo quiero huir.
Cosme	¡Cata la cruz!
Sanchez	¡Jesús bueno!
Cosme	¿Qué? ¿El diablo dice Jesús?
Sanchez	¿Qué? ¿Los muertos tienen miedo?

(Salen [los] músicos cantando.)

Músicos	«Cesen, cesen los miedos, y dejen los muertos los lienzos y el diablo el disfraz.»
Criada	Yo le quito la sábana al mozo.
Cosme	Yo al viejo las canas sin ir al Jordán.
Antonia	¿Por qué niega su hermana a este hombre, que llora, que gime, que quiere expirar?
Cosme	Porque temo que en siendo cuñado me tire saetas por la hermandad.
Juan	No son todos los cuñados

como los pinta el refrán.

Cosme   De parientes por tablilla
muy poquito hay que fiar.

Juan   Yo no os quiero quitar nada,
antes os pretendo dar.

Cosme   Quien muerto me quita el vino,
vivo, ¿qué me quitará?
Y vaya y venga la cuñadería,
mas en casa no tiene de entrar.
Que, huéspeda, máteme ese cuñado,
que hasta el nombre me hace mal.

Antonia (Cantan.)   «No hay peor gente
que hombres y mujeres.»

Cosme   «Cuñados y lechones,
los muertos los mijores.»

Todos   «De menguados y entremeses
se ríen todos siempre
por una de dos.
Ríanse de aqueste por amor de Dios;
por menguado, por alegre
o por estas causas dos.
Ríanse de aqueste por amor de Dios.»

Fin

Libros a la carta

A la carta es un servicio especializado para
empresas,
librerías,
bibliotecas,
editoriales
y centros de enseñanza;
y permite confeccionar libros que, por su formato y concepción, sirven a los propósitos más específicos de estas instituciones.

Las empresas nos encargan ediciones personalizadas para marketing editorial o para regalos institucionales. Y los interesados solicitan, a título personal, ediciones antiguas, o no disponibles en el mercado; y las acompañan con notas y comentarios críticos.

Las ediciones tienen como apoyo un libro de estilo con todo tipo de referencias sobre los criterios de tratamiento tipográfico aplicados a nuestros libros que puede ser consultado en Linkgua-ediciones.com.

Linkgua edita por encargo diferentes versiones de una misma obra con distintos tratamientos ortotipográficos (actualizaciones de carácter divulgativo de un clásico, o versiones estrictamente fieles a la edición original de referencia).

Este servicio de ediciones a la carta le permitirá, si usted se dedica a la enseñanza, tener una forma de hacer pública su interpretación de un texto y, sobre una versión digitalizada «base», usted podrá introducir interpretaciones del texto fuente. Es un tópico que los profesores denuncien en clase los desmanes de una edición, o vayan comentando errores de interpretación de un texto y esta es una solución útil a esa necesidad del mundo académico.

Asimismo publicamos de manera sistemática, en un mismo catálogo, tesis doctorales y actas de congresos académicos, que son distribuidas a través de nuestra Web.

El servicio de «libros a la carta» funciona de dos formas.

1. Tenemos un fondo de libros digitalizados que usted puede personalizar en tiradas de al menos cinco ejemplares. Estas personalizaciones pueden ser de todo tipo: añadir notas de clase para uso de un grupo de estudiantes, introducir logos corporativos para uso con fines de marketing empresarial, etc. etc.

2. Buscamos libros descatalogados de otras editoriales y los reeditamos en tiradas cortas a petición de un cliente.

www.ingramcontent.com/pod-product-compliance
Lightning Source LLC
Chambersburg PA
CBHW032115040426
42337CB00041B/1433